5 457

AF338709

DERNIÈRES LETTRES D'UN PAYSAN

AUX

CULTIVATEURS

PUBLIÉES DANS *LA RÉFORME*

PAR P. JOIGNEAUX

Représentant du Peuple,

Et suivies du CHANT DES PAYSANS

PAR PIERRE DUPONT.

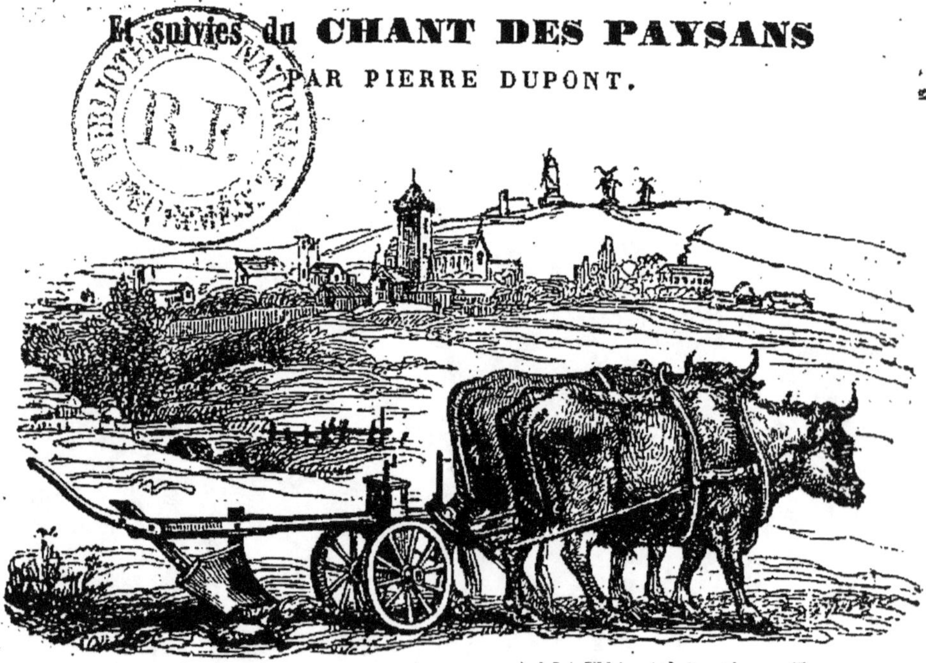

Prix : 20 cent.

AU BUREAU DE LA PROPAGANDE DÉMOCRATIQUE

RUE DES BONS-ENFANTS, 1.

PARIS. — 1849.

BIBLIOTHÈQUE NATIONALE — R F

PARIS :
8 fr.
par trimestre.

LA RÉFORME

Journal quotidien.

DÉPARTEMENTS
10 fr.
par trimestre.

———

PARIS :
3 fr.
par an.

LA RÉFORME

Édition hebdomadaire.

DÉPARTEMENTS
4 fr.
par an.

Ce numéro supplémentaire paraît tous les jeudis et s'adresse principalement aux habitants des campagnes. Les diverses questions qui intéressent l'agriculture y sont traitées par des hommes spéciaux et d'une réputation bien établie.

BIBLIOTHÈQUE DES CAMPAGNES.

Sous ce titre, le citoyen P. JOIGNEAUX, Représentant du Peuple, publiera une série de brochures dans le format de celle-ci, et au prix de *vingt-cinq* centimes l'exemplaire. Ces brochures seront toutes relatives à l'agriculture. Tout cultivateur pourra donc, à très-bas prix, se former une bibliothèque composée de tous les ouvrages nécessaires à sa profession.

TRAITÉ DES AMENDEMENTS ET DES ENGRAIS

PAR P. JOIGNEAUX, REPRÉSENTANT DU PEUPLE.

Prix : 75 cent. et 1 fr. par la poste.

Ce traité est en vente à la Librairie Agricole, rue Jacob, 26, chez Mᵐᵉ veuve Bouchard-Huzard, rue de l'Éperon-Saint-André-des-Arts, 5, et à la librairie de Victor Masson, place de l'École-de-Médecine, à Paris.

DERNIÈRES LETTRES D'UN PAYSAN

AUX

CULTIVATEURS

PAR

P. Joigneaux

REPRÉSENTANT DU PEUPLE.

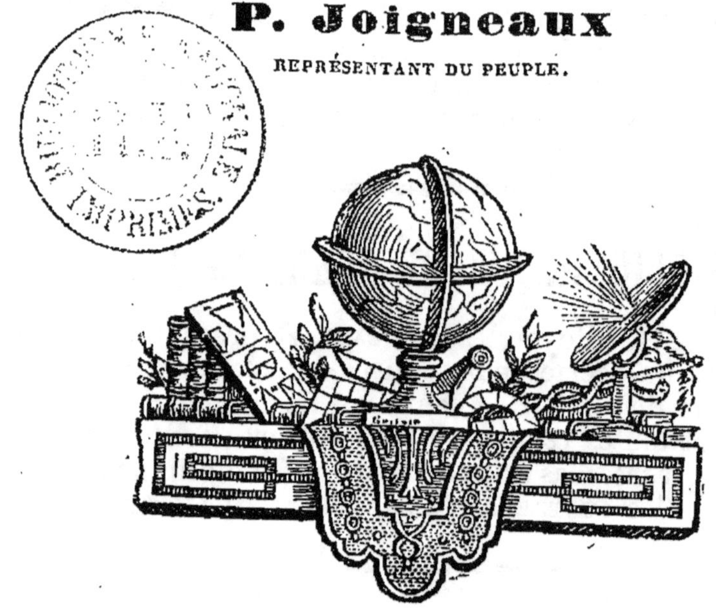

PARIS

AU BUREAU DE LA PROPAGANDE DÉMOCRATIQUE

Rue des Bons-Enfants, 1.

—

1849

CINQUIÈME LETTRE.

Passy, le 7 mars 1849.

Les vieux partis qui s'en vont sont comme les gens qui se noient ; ils s'accrochent à toutes les branches pour se sauver. Jugez-en plutôt par les efforts désespérés des royalistes. Ils ne veulent pas comprendre qu'ils ont fait leur temps et que les morts ne reviennent plus, comme aux beaux jours des gros miracles. Ne comptant plus guère sur les villes, ils se tournent du côté des campagnes, et se disent : — Là-bas, sous le chaume, au milieu de ces forêts, au fond de ces vallées, de l'autre côté de ces roches nues, il y a des millions d'hommes qui ne voient pas très-clair à midi, qui lisent peu ou ne lisent point, qui n'entendent rien à la politique, qui croient volontiers à toutes sortes de choses, qui ont cru, des siècles durant, que les rois de France pouvaient guérir des écrouelles et qui croiront probablement encore ce qu'il nous plaira de leur conter. — Affirmons-leur, en jurant nos grands dieux, que les républicains sont des pillards, des partageurs de biens, qu'ils en veulent aux champs du cultivateur, à ses écus et à ses bêtes, et tout de suite la peur les prendra ; ils dérouilleront leurs fusils et sauteront sur leurs fourches. Nous tâcherons que cette peur-là dure des mois et des années, et, pendant ce temps, nous minerons la République, nous éviterons la restitution du milliard. Voilà ce qu'ils se disent.

La tactique n'est pas neuve; sous Louis-Philippe, nous étions déjà des voleurs et des brigands; et si je suis, pour mon compte, étonné de quelque chose, c'est que les républicains ne soient pas encore accusés de jeter des *sorts* sur les chevaux, les vaches et les moutons. Cela viendra peut-être.

Je ne retournerai point contre les royalistes les armes empoisonnées dont ils se servent contre nous. Le temps qu'ils dépensent à tromper le peuple, je l'emploierai à l'éclairer; ils en appellent à la peur, j'en appelle au sens commun.

Dans mes précédentes lettres, j'ai donné quelques bons conseils aux cultivateurs. C'était simple à comprendre, simple comme bonjour, et ils ont compris. Ceci m'encourage fort et je continue.

Dans nos villages, les journaux sont rares et on ne les conserve pas. On s'abonne entre cinq ou six par économie, et quand la feuille arrive au dernier abonné, elle est d'ordinaire en si mauvais état, qu'on la jette au bas du buffet, à côté des vieux almanachs et du papier gris. Ça sert de temps en temps à faire des bourres de fusils. Aussi, à l'heure qu'il est, nos cultivateurs seraient bien embarrassés de vous dire ce qui s'est passé à l'Assemblée nationale depuis un an bientôt. La plupart d'entre eux ne se souviennent même pas des discussions qui les intéressent le plus. Or, il me semble que deux mots sur ces discussions-là ne leur feront pas de peine, attendu qu'à l'approche des élections ils tiennent à savoir dans quel sens ont travaillé leurs représentants.

L'année dernière, on a voté un peu à l'aventure, on s'en est rapporté le plus souvent aux professions de foi ; mais aujourd'hui que nous commençons à voir clair dans nos affaires, que nous ne sommes plus si jeunes en politique, nous voulons ouvrir le sac avant de nous engager à prendre le grain. S'il est bon, tant mieux ; s'il est gâté, tant pis. En bonne conscience, nos cultivateurs ne doivent leurs suffrages qu'aux représentants qui ont pris souci de leur cause.

Or, il suffit à nos populations rurales de quelques votes de l'Assemblée nationale pour se former une opinion sur leurs mandataires. Ce sont les votes du 18 juillet sur l'enseignement gratuit dans les écoles militaires ; du

26 septembre, sur l'impôt progressif; du 30 septembre sur le vote au chef-lieu de canton; du 4 octobre sur le décret de l'enseignement agricole; du 12 octobre sur le crédit foncier; du 3 décembre sur la diminution du nombre des fonctionnaires; du 29 décembre sur l'impôt du sel, et du 31 janvier 1849 sur le budget des recettes avant celui des dépenses.

Parlons un peu, si vous le voulez bien, de chacune de ces questions importantes, et commençons par celle de l'enseignement gratuit dans les écoles militaires. Il faut de l'argent pour entrer dans ces écoles-là. Le garçon du petit cultivateur, du petit marchand, du pauvre ouvrier ne peut y arriver, attendu qu'il en coûte, et beaucoup, pour acheter l'instruction nécessaire, pour l'acheter à l'école primaire, au lycée, à l'école préparatoire. Il n'y a que les riches qui peuvent se permettre tout au long ces dépenses-là. Or, la République, qui est le gouvernement de tout le monde et qui veut que le soleil luise un peu pour les pauvres, doit nécessairement ouvrir la porte de ses écoles aux uns comme aux autres ; car enfin, ceux qui n'ont rien, ni champs, ni bois, ni prés, peuvent avoir de l'intelligence, du génie, et rendre de bons services à leur pays. Si leurs pères ne leur ont rien donné en naissant, le bon Dieu leur a donné peut-être mieux que des rentes et des châteaux. Cela s'est vu. Or, vous conviendrez qu'il y avait justice à demander la gratuité de l'enseignement. Cette proposition a été faite pour les écoles militaires d'abord. C'était peu de chose, je l'avoue, mais on nous donnait à entendre que ce serait un premier pas vers l'enseignement gratuit dans toutes les écoles sans exception. Il n'y avait pas à marchander ; d'ailleurs, les gouvernements sont tellement chiches de réformes qu'il est prudent d'accepter les à-comptes qu'ils veulent bien nous offrir dans l'intérêt du peuple.

Cependant, il s'est trouvé un certain nombre de représentants qui ont estimé l'offre trop généreuse et l'ont repoussée. En votant contre le projet de décret, ils nous ont prouvé qu'ils ne voulaient pas de l'enseignement gratuit, c'est-à-dire pour rien. C'est bon à savoir et bon à retenir. Dans quelques jours, je vous dirai leurs noms, à vous qui n'avez pas de quoi pousser loin l'instruction de vos enfants, et quand viendront les élections de la Législative, si ces noms-là se trouvent de nouveau sur vos listes, vous leur direz : Camarades, nous n'avons pas le plus petit vote à vous donner pour le moment, vous nous avez fait voir le tour une fois, c'est assez comme cela.

J'en aurais trop long à vous dire sur l'impôt progressif; c'est pourquoi je remets l'affaire à la semaine prochaine.

SIXIÈME LETTRE.

Passy, le 14 mars 1849.

Vous savez la nouvelle, mais c'est égal,
j'éprouve le besoin d'en dire deux mots pour
vous rafraîchir la mémoire. Il avait été con-
venu, et c'est écrit dans la constitution, qu'on
donnerait seize cent quarante-trois francs par

jour au président de la République, centimes non compris, et qu'on le logerait pour rien. Selon vous et moi, ce n'était pas se moquer de M. Louis Bonaparte; le chiffre était assez rond, il y avait là de quoi faire les choses honnêtement, surtout pour un célibataire.

Dans nos campagnes, nous vivrions huit cents avec cette somme; nous pourrions même régaler nos amis le soir de la Saint-Martin et le lundi de Pâques, et on dirait de nous, à la fin de l'année : « Ces gaillards-là ne sont pas gras de lécher les murs. Plus de quarante sous par jour, hiver comme été, fêtes et dimanches compris, et pas de saison morte... ce n'est pas peu de chose. » Et pourtant le président de la République, qui ne fait pas, ainsi que nous, quatre repas, et qui n'a point l'appétit ouvert avant le soleil levant, a trouvé le traitement trop mince.

Sur ce chapitre-là, la constitution devenait gênante ; elle ne permettait pas de l'augmenter. M. Odilon Barrot, en homme habile, a tourné la difficulté. Il a dit qu'il respectait trop cette constitution pour demander un supplément de traitement ; qu'il ne désirait que six cents nouveaux mille francs pour frais de représentation, c'est-à-dire pour faire danser les belles dames et donner des verres de sirop à des gens qui ne sont pas malades.

Ces avocats sont pleins d'esprit, n'est-il pas vrai ? Vous leur défendez votre porte, ils entrent chez vous par la fenêtre et soutiennent qu'ils sont dans leur droit, attendu que la loi n'a point prévu le cas. Enfin, le tour est joué, et que l'on dépense à présent la somme en mèche ou en huile, toujours est-il que les revenus du président sont doublés, et qu'au lieu de seize cent quarante-trois francs, centimes non compris, nous lui compterons, par jour, trois mille et quelques cents francs. Mes amis, cherchez dans vos poches et dénouez le cordon de vos bourses.

Et dire qu'il y a quatre mois on nous annonçait que M. Louis Bonaparte apportait des millions à rompre dessous ; qu'il en arrivait des bateaux chargés ; que nous allions être remboursés des quarante-cinq centimes et exemptés d'impôts pendant trois ans ! Mais chut ! ne nous occupons plus de cela ; les gens mystifiés sont chatouilleux, très-chatouilleux, et je ne veux froisser l'amour-propre de personne. Dans ma dernière lettre, j'ai promis aux cultivateurs de leur parler de l'impôt progressif. Je vais leur tenir parole.

Quand il s'agit de trouver de l'argent pour un *prince*, on ne nous dit pas que le trésor est pauvre ; on se montre généreux, on paye la carte sans marchander, comme ferait un Anglais en voyage. Mais s'agit-il de rendre service au peuple, en remaniant le système des impôts, ce n'est plus cela. Cependant, il y a bien à redire là-dessus, et pour s'en convaincre, il n'est pas besoin d'être savant, tant l'injustice saute aux yeux.

On nous assure que les citoyens contribuent indistinctement aux charges de l'État dans la proportion de leur fortune. C'est un vieux mensonge : je tiens à le démontrer.

Donc, mes amis, un peu d'attention, s'il vous plaît.

A tout seigneur, tout honneur. Parlons d'abord de l'impôt foncier. Il est à remarquer que cet impôt n'est pas équitablement réparti entre les diverses localités. Ainsi, dans tel département, je verse au percepteur le sixième de mon revenu, bon an, mal an, tandis qu'ailleurs je ne paye qu'un neuvième, qu'un quinzième ou moins encore. Il est à remarquer ensuite que le classement des terrains a été indiqué par les gros propriétaires, par ceux qui ont les meilleurs champs et les meilleurs prés ; ce qui donnerait à penser qu'ils ont pu servir leurs intérêts en estimant certains de ces terrains au-dessous de leur valeur réelle. Il est à remarquer, enfin, que si on prélève le sixième d'un revenu qui suffit à peine pour nourrir ma famille, je serai plus maltraité en réalité que mon voisin qui aura des fermes ou des métairies par douzaines. C'est clair comme le jour. Si vous me prenez le sixième de la miche de pain qui est roulée dans la nappe au bout de ma table, il m'en reste assez pour vivre jusqu'à demain ; mais si vous me prenez le sixième du dernier morceau de pain que j'ai dans la main, vous faites tort à mon estomac; vous me privez, vous me faites souffrir.

Est-ce de la justice?

Passons maintenant à ce qu'on appelle l'impôt mobilier. On le fixe, vous le savez, non d'après la quantité et la valeur des meubles, mais d'après l'importance du loyer. Vous êtes seul, je suppose; deux petites pièces vous suffisent, et vous vivez à l'aise de votre travail. L'impôt vous atteint peu ou ne vous atteint pas.

Mais voici venir une femme, des enfants qui remuent dans tous les coins, un vieux père, une vieille mère. Votre aisance disparaît, la misère arrive, vous ne pouvez plus tenir dans les deux pièces du logement; il vous en faut trois, il vous en faut quatre. Les murs sont nus, vous n'avez, pour garnir la maison, que de mauvais lits, des chaises dépaillées, une mauvaise table et un miroir de trente sous. Les répartiteurs ne s'occupent pas de cela; ils s'informent tout bonnement du prix du loyer et vous imposent comme si vous aviez des meubles en acajou, des glaces de six pieds, des fauteuils rembourrés de crin et recouverts de velours.

Est-ce de la justice?

Et que dirons-nous de l'impôt sur les portes et fenêtres? La lucarne de la chaumière paye tout autant que la fenêtre du château; aussi n'est-il pas rare de rencontrer de pauvres villageois qui, pour échapper à l'impôt, se privent presque entièrement de cette lumière du jour que Dieu nous donne et que les gouvernements nous vendent.

Est-ce de la justice ?

Un mot maintenant sur l'impôt des patentes. Comme pour les autres, c'est encore aux gueux la besace. Vous montez un petit commerce, vous faites pour dix mille francs d'affaires ou seulement pour cinq mille, et cependant vous n'en payez pas moins, le plus souvent, la même patente que le commerçant qui fait pour cent mille francs d'affaires.

Est-ce de la justice ?

Et l'impôt personnel, dont les indigents seuls sont exemptés, et qui veut que chacun donne à l'État la valeur de trois journées de travail. Est-ce que par hasard la journée de travail de M. Rothschild ou de M. Fould n'est pas d'un meilleur rapport que la journée du pauvre diable qui sue douze heures pour gagner une pièce de vingt ou trente sous? Cependant l'impôt personnel est le même pour les uns que pour les autres.

Est-ce encore de la justice?

Parlerons-nous des contributions indirectes, de l'impôt sur les vins en particulier? Oh! celui-là, c'est à faire dresser les cheveux sur la tête! Je me lève avant le jour, je travaille comme un nègre, je suis tout essoufflé, j'ai une soif d'enfer, je sens qu'un doigt de vin me remettrait d'aplomb, me ferait plus de bien que de l'eau crue ou de l'eau vinaigrée. Vous connaissez, d'ailleurs, le proverbe : Pas de vin, pas d'homme; pas d'avoine, pas de cheval. Malheureusement, le vin ne se trouve ni dans les ruisseaux, ni dans les citernes. Il faut l'acheter. Jusque-là, le mal n'est pas grand ; à raison de deux ou trois sous la bouteille, je peux me procurer du petit vin qui gratte le gosier, de la piquette ; je l'achète donc ; mais si j'habite la ville, si je suis occupé à un travail d'atelier, je dois compter avec les droits de circulation, d'entrée, d'octroi, qui ne finissent pas.

A Paris, par exemple, pour une pièce de petit vin qui m'aura coûté dix francs chez le vigneron, j'aurai à payer plus de quarante francs de droits de toutes sortes. C'est trop fort, je ne peux pas aboutir à ce compte-là. Donc faute d'argent, faute d'avances, je suis forcé de me priver du nécessaire. Et songer que celui qui a de gros revenus, qui ne travaille pas d'arrache-pied, qui boit sans avoir soif, qui achète des vins de luxe à des prix fous, ne paye pas plus de droits pour une pièce de clos de Vougeot ou un muid de Médoc que nous autres pour une pièce de mauvaise qualité !

Est-ce de la justice ? Non, mille fois non.

Que dirons-nous enfin de ces prestations en nature qui rappellent les corvées de l'ancien temps ? Turgot s'exprimait ainsi sur leur compte : « Prendre le temps du laboureur, même en le payant, serait l'équivalent d'un impôt. Prendre son temps sans payer est un double impôt ; et cet impôt est hors de toute proportion lorsqu'il tombe sur le simple journalier, qui n'a pour subsister que le travail de ses bras. »

L'impôt des prestations en nature est injuste, parce qu'il est établi arbitrairement contre l'individu et non contre la propriété.

Ainsi un citoyen est taxé d'après le nombre de ses chevaux et de ses domestiques, d'où il suit que le riche propriétaire qui ne fait pas valoir ses domaines en est exempt. Et puis la charge n'est pas égale entre le journalier et l'homme qui a chevaux et voitures; et puis encore, il n'est pas juste que le riche propriétaire foncier qui a atteint la soixantaine, puisse se soustraire aux prestations; cette exemption ne devrait être applicable qu'aux hommes qui travaillent de leurs bras.

De tout ce que je viens de dire, il résulte que nous payons d'autant plus d'impôts que nous sommes plus pauvres, plus nécessiteux. Il y a progression en allant de la richesse à la misère.

Les républicains *honnêtes et modérés*, ceux que vous savez, pensent que cela est pour le mieux ; ils se trouvent bien de la chose, car tout le bénéfice est pour eux. Si nous étions de leur avis, ils nous feraient place de suite dans le calendrier de leurs petits saints ; malheureusement, nous ne poussons pas la complaisance jusque-là ; nous voulons des réformes sociales, c'est-à-dire des réformes qui soient profitables au pauvre sans écraser les riches ; nous voulons l'impôt progressif, non pas en allant de la richesse à la misère, mais en allant de la misère à la richesse, à savoir en remontant ; nous voulons un gouvernement à bon marché.

Quand nous aurons réduit le chiffre des recettes, il faudra bien que le pouvoir réduise celui des dépenses. Voilà le but de nos désirs, voilà notre crime. C'est à cause de cela que nous sommes des rouges, des socialistes, des gens de désordre, des scélérats comme on n'en vit jamais. Les honnêtes gens, les modérés, les purs sont ceux qui ne trouvent rien à redire sur l'état des choses et qui ont voté pour le maintien du vieux système des impôts. Dieu nous préserve d'un diplôme d'honnêteté à ce prix-là !

Il vous est arrivé sans doute de dîner plusieurs fois de suite à l'auberge en société de gens qui ne se refusent rien, mais qui ne s'exécutent pas dès qu'il s'agit de payer chacun son écot. Vous payez pour eux; passe pour une fois; une seconde fois, cela devient ennuyeux; puis, à bout de patience, vous finissez par vous fâcher et leur dites : — Ah! ça , camarades, il y a trop longtemps que cela dure, c'est de l'abus; les bons comptes font les bons amis. Nous nous trouvons dans le même cas à l'égard des privilégiés. Nous leur disons :—Voilà des siècles que vous ne vous refusez rien, que vous ne payez pas votre écot et votre *extra*. Tenons-nous-en là, ne parlons plus du passé ; mais, à l'avenir, soyez plus justes, écorchez moins le pauvre diable, défaites-vous des mauvaises habitudes que vous avez contractées sous la monarchie.

Là-dessus, ils nous répondent par des injures ; ils crient : *au voleur !*

Lorsque dans les rues d'une grande ville il vous arrive de sentir la main d'un industriel se glisser dans votre poche, vous essayez de l'arrêter ; vous le serrez de près. Que fait-il ? Il se retourne et vous reproche avec tant d'aplomb le fait dont vous l'accusez vous-même, que le public qui ne vous connaît pas, prend quelquefois parti pour lui. C'est ce qui nous arrive en ce moment.

SEPTIÈME LETTRE.

Passy, le 21 mars 1849.

On me dit que les modérés commencent à se gratter l'oreille en lisant mes lettres ; que certains curés n'en disent pas de bien, et que les usuriers en disent pis que pendre. Ah ! bénies soient les langues qui m'ont étrenné de la sorte, car je n'y suffis plus depuis quelques jours ; on veut du fruit défendu ; on y prend goût ; les demandes pleuvent, et, au train où vont les choses, vous verrez qu'en moins de six semaines il n'y aura pas un laboureur, pas un vigneron sur le territoire de la République qui n'en ait un exemplaire dans le tiroir de son buffet, pas une femme qui ne les lise en cachette de son curé, pas un garçon de ferme qui ne se les fasse lire le dimanche matin, pas un enfant de douze ans qui ne veuille y mettre le nez. Grand merci! messieurs ; jasez toujours, jasez plus fort, recommandez mes lettres aux fermiers de vos domaines, aux gens de votre maison, au prône de votre paroisse, aux journaux honnêtes de votre localité, et je vous assure qu'avant les élections prochaines, chacun les saura par cœur comme son *Pater* et son *Credo*.

Maintenant que j'ai rempli de mon mieux

le devoir de la reconnaissance, permettez-moi de continuer l'examen des votes de l'Assemblée nationale. Dans le nombre, j'en sais un qui ne fait pas de bruit et qui, cependant, à lui tout seul, en dit peut-être plus long que tous les autres ensemble. Celui-là est du 30 septembre 1848. Il s'agissait ce jour-là de savoir si, dans les élections à venir, on voterait au chef-lieu de la commune ou au chef-lieu du canton. Les républicains blancs, ceux qui subissent le gouvernement actuel à titre d'essai, voulaient en général le vote à la commune. Voyez-vous, disaient-ils d'un air bonhomme et d'un ton patelin, il faut ménager les jambes des habitants des campagnes, ménager leurs bourses et rendre le suffrage facile à tous. Pour aller au chef-lieu de canton, ils sont obligés de faire quelquefois trois ou quatre lieues et de vivre à l'auberge. C'est très-fatigant, c'est coûteux, et bon nombre de citoyens, pour s'épargner cette fatigue et cette dépense, s'abstiennent de voter, surtout lorsque le temps n'est pas beau. Pour les gens qui n'y regardent pas de très-près, ces raisons-là ne paraissent pas mauvaises ; mais pour nous qui connaissons les pèlerins et ne nous payons pas de cette monnaie, c'est une autre affaire. Pour mon compte, je me suis dit : Tiens, ce sont d'anciens royalistes qui nous portent beaucoup d'intérêt, qui nous font toutes sortes de politesses, à nous paysans, et nous donnent des coups de chapeau en veux-tu, en voilà ; c'est étonnant, ces gens-là sortent de leurs habitudes ; il y a du louche là-dessous, faisons rentrer nos poules, les renards ne sont pas loin, ils rôdent autour de la ferme.

Et, en effet, est-ce que ces messieurs nous plaignent lorsque, toutes les semaines, hormis le temps des semailles, des foins et des moissons, nous allons au marché vendre notre grain, par le chaud et le froid, la pluie ou la neige?

Est-ce qu'ils prennent pitié de nos pauvres filles des champs qui vont à la ville, hiver comme été, bien avant que le jour se fasse, chargées de laitage, d'œufs, de fruits, essuyant les averses ou la gelée sur une place publique pendant trois et quatre mortelles heures, et cela pour attendre la vente et reporter à la maison quarante ou cinquante sous? Il en est de ces femmes qui, tous les jours ou tous les deux jours, font ainsi deux, ou trois, ou quatre lieues, aller et retour, avec un morceau de pain sec dans leur poche; qui, en été, suent l'eau comme une éponge : qui, en hiver, soufflent dans leurs doigts pour se réchauffer, ou qui, par un temps de dégel, rentrent à la ferme crottées jusqu'aux reins. C'est plus dur que d'aller voter au chef-lieu une fois par an ; je me trompe, une fois tous les trois ans, en compagnie de braves citoyens qui chantent la *Marseillaise.* On s'apitoie sur ceux-ci cependant, et on ne plaint pas celles dont nous parlions tout à l'heure.

C'est qu'on ne joue point cartes sur table avec nous, c'est qu'on nous cache la vérité. En demandant le suffrage au chef-lieu de la commune, les républicains blancs, les honnêtes et modérés ne péchaient pas par ignorance. Ils se disaient : Là, nous serons maîtres du terrain, les gros tiendront facilement les petits, le propriétaire du château verra son monde ; il donnera une petite tape d'amitié à l'un, une petite tape d'amitié à l'autre ; il promettra de l'ouvrage au journalier, il l'attendra quelques mois pour le payement de son terme de loyer ; madame habillera sa fille le jour de la première communion ou lui fera un joli cadeau le jour de ses noces.

Le curé donnera aussi son coup de main dans la circonstance; il endoctrinera les femmes, promettra le paradis aux unes et réservera l'enfer aux autres, selon que les maris voteront du bon ou du mauvais côté. Et, si les promesses ne réussissent pas, on aura recours aux menaces. A fin de bail, on retirera au père Jean la ferme qu'on fait valoir dans sa famille de père en fils, on ôtera à l'aîné de ses garçons la place de garde particulier qui l'aide à vivre honnêtement, on ne cherchera pas à faire réformer le cadet qui a amené un mauvais numéro au dernier tirage. Si son voisin ne vote pas dans le sens de Henri V ou du *comte* de Paris, on prendra un autre journalier à sa place pour creuser les fossés, faucher les luzernes et rentrer les gerbes. On ne donnera plus d'ouvrage à celle de ses filles qui est couturière ; on ne donnera plus de linge à repasser à celle qui est blanchisseuse. Il y a aussi dans la commune des gens qui n'ont pas de biens au soleil et qui s'avisent, malgré cela, de nourrir une vache, une chèvre ou une brebis. Ces bêtes-là, pour avoir mangé un peu d'herbe défendue, ont fait condamner leurs maîtres en justice de paix à des dommages-intérêts qui montent jusqu'à 10 ou 15 francs. S'ils votent bien, nous leur en ferons remise, autrement nous menacerons de les mener loin. Et puis, dans les villages où il n'y a pas de bois communaux, les pauvres gens ont l'habitude de casser et de ramasser les branches mortes dans les bois de M. tel ou tel, afin de se réchauffer uu peu durant la saison d'hiver.

Or, M. tel ou tel est presque toujours un homme d'ordre, attaché aux traditions hon-

nêtes, et il imposera ses conditions aux ra-
masseurs de branches mortes.

La plupart des représentants qui ont demandé le vote à la commune se sont probablement dit tout bas ce que je vous dis tout
haut. Et pour beaucoup d'entre vous, mes
amis, ç'a été la bouteille à l'encre, vous n'y
avez vu que du noir. Mais à présent que
je vous ai expliqué le tour, vous y voyez
clair comme en plein midi. Tenez, croyez-
moi, toutes les fois que vous verrez venir
à vous, le chapeau à la main et les compli-
ments à la bouche, des gens qui n'ont pas
l'habitude de manger la soupe à votre table,
et de vous dire bonjour quand vous passez
en blouse à côté d'eux, méfiez-vous; il y a
sous jeu un coup de Jarnac. Vous en avez
un exemple dans ce que je viens de vous conter. Le jour où les représentants honnêtes et

modérés vous faisaient des cajoleries et prenaient si chaudement parti pour vos jambes, ils voulaient tout simplement enchaîner votre liberté par les moyens que vous savez. C'est comme à la veille des élections, les hommes les plus polis, les plus gracieux, les plus coulants en affaires, les plus familiers vis-à-vis de nos cultivateurs, sont précisément ceux qui, six mois auparavant, ne leur adressaient jamais ni parole, ni salut, à moins que ce ne fût pour leur tirer de l'argent. Tant va la cruche à l'eau qu'à la fin elle se casse; tant l'escamoteur renouvelle son tour, qu'à la fin on découvre les ficelles.

Les représentants qui voulaient le vote à la commune n'ont point réussi, c'est vrai, et à mon avis c'est fort heureux. Quoi qu'il en soit, n'oubliez pas de rechercher leurs noms, et souvenez-vous-en aux élections prochaines.

De deux choses l'une : ou ce sont des hommes qui gardent rancune à la République et voudraient lui donner du fil à retordre, ou ce sont des hommes à vue courte qui ne sauraient être juges des couleurs à quinze pas de distance et pourraient, sans le vouloir, prendre un beau jour la monarchie pour la république.

Vous comprenez maintenant, mes amis, qu'il était du devoir des vrais républicains, de ceux que l'on vous pousse à détester, de rejeter le vote à la commune et de vous donner le vote au chef-lieu de canton. Là, du moins, l'oppression n'est plus aussi commode qu'au village ; les comptes ne s'y règlent pas tout à fait en famille et sous le manteau de la cheminée ; le bureau est obligé de faire son devoir ; on le surveille de près ; on peut, avant d'aller au scrutin, prendre de bons conseils, mettre de côté les bulletins imposés par les gros du pays, et en préparer d'autres sans compromettre son existence et celle de sa famille. En un mot, on redevient libre d'agir selon sa conscience et son intérêt bien entendu.

Tirez bon parti de cette liberté, prenez bien vos mesures, épluchez bien vos candidats, et vous rappelant ce proverbe de Jacques Bujault : « Tant vaut l'homme, tant vaut la terre, » dites en politique : Tant vaut le représentant, tant vaut la République.

HUITIÈME LETTRE.

Passy, le 28 mars 1849.

Voici ma dernière lettre, ce qui ne veut pas dire qu'après cela je resterai les bras croisés. L'heure serait mal choisie.

Vous connaissez les sept premières ; vous

les avez lues avec attention et parfaitement comprises. C'était facile, d'ailleurs. Entre nous, il n'y a pas de phrases à grand ramage, pas de mots ronflants; nous causons tout bonnement de choses et d'autres, comme au coin du feu, sans façon, de camarade à camarade, sans nous occuper de ce qu'en penseront les savants de l'Académie. Au lieu de faire six fois le tour de la maison avant d'entrer dedans, nous entrons de suite, nous autres, et sans frapper; nous disons : Ceci est blanc, cela est noir, ceci est bien, cela est mal. Les gens qui ont des blouses bleues et des guêtres de treillis ne tiennent pas à ce que la vérité soit coquette et empesée; ils la veulent ronde et franche, la mine ouverte, l'œil au grand large et se posant carrément. Quand on dore la pilule au pauvre monde, c'est qu'on se prépare à lui faire avaler des mensonges.

Or, vous savez que je ne vous en ai point contés. Consultez vos souvenirs, et, la main sur la conscience, vous reconnaîtrez que je vous ai parlé sans passion, sans haine, sans méchanceté, à la manière d'un homme sûr de ce qu'il avance, connaissant bien les maux qu'il indique et les remèdes qu'il propose.

Cependant, les royalistes ne sont pas de cet avis; ils prétendent que mes lettres sont empoisonnées, que c'est de l'arsenic tout pur, qu'il y a dedans de quoi faire rendre l'âme à la société.

Aussi, les gros bonnets de ce bas monde, les banquiers, les usuriers, les anciens ministres de Louis-Philippe, les marquis de tous les régimes, les purs, les vertueux, ceux qui communient le matin et calomnient le soir, se sont cotisés pour vous servir des petits livres, où l'on vous dira que nous sommes des démagogues, des enragés, des partageurs de biens, des scélérats. C'est ce que ces messieurs appellent du contre-poison, dans leur langage honnête et modéré.

En attendant qu'ils vous distribuent leur baume, permettez-moi, mes amis, de vous empoisonner encore une fois. J'ai à vous entretenir aujourd'hui de l'enseignement agricole, du crédit foncier, de la taxe du sel et du budget.

Jusqu'à ce jour, les gouvernements ne nous ont pas gâtés. Dans nos campagnes, nous ne recevons de leurs nouvelles que par le percepteur. On nous présente un bordereau et on nous dit : Payez. Quand nous ne payons pas, on nous envoie le garnisaire, on vend nos meubles et tout est réglé. Cependant, les impôts n'ont pas été inventés pour le roi de Prusse; lorsque nous donnons de l'argent au percepteur, c'est pour que l'État nous le rende en bons services, pour qu'il nous donne un coup de main par-ci par-là. Eh bien! c'est nous qui payons le plus et recevons le moins; c'est nous qui avons les plus grands besoins et sommes les plus mal partagés. Cela se comprend; les pauvres honteux, ceux qui souffrent en silence et n'osent tendre la main, ont été plus à plaindre dans tous les temps que ceux qui tendent leur chapeau au détour d'une rue. On n'ouvre qu'à celui qui frappe; c'est une vérité vieille comme le monde. Or, nous ne frappons à aucune porte; nous ne faisons aucune démarche; nous attendons, et, en attendant, nous acquittons nos douzièmes sans marchander. Les commerçants, les industriels entendent mieux que nous les affaires; aussi ont-ils été plus favorisés sous monarchie. Ils ont à leur portée de belles routes, de bons débouchés pour leurs marchandises, des moyens de transport faciles, des écoles où leurs enfants peuvent s'instruire comme il faut et à bon marché. Là, on leur enseigne ce qui convient à leur profession. Pour nous, c'est bien différent ; nous n'avons que l'école du village, et, quand nous habitons un hameau, il faut que nos pauvres enfants fassent souvent une demi-lieue aller et retour, en hiver, par le froid, la pluie, la neige, le brouillard, pour aller chez M. le maître de la paroisse apprendre à lire, à écrire et à chiffrer. C'est bien quelque chose, sans doute, c'est la clef de tout ; mais ce n'est pas assez. Pour être bon cultivateur, s'il suffisait de savoir tenir une charrue, semer égal, manier une faucille et une faulx, peigner un chariot de foin ou charger une charrette de gerbes, l'affaire irait seule, le père de famille

s'acquitterait de la besogne mieux que personne ; mais pour être bon cultivateur, il
faut plus que cela, il faut connaître bien des
choses. Les royalistes seuls osent avancer le
contraire ; ils ont leurs raisons pour cela.

Tant que nous ne serons pas instruits, on
ne comptera pas avec nous ; on nous regar-
dera comme de bonnes bêtes faciles à tromper ; on ne diminuera pas nos impôts ; on ne
nous accordera rien, et on nous dédaignera
par-dessus le marché. Mais du jour où nous
pourrons tenir tête aux beaux parleurs et
même leur en revendre, ce qui n'est pas diffi-
cile, l'habit fin se rapprochera de la blouse,
on ne nous toisera plus des pieds à la tête, et
les mauvais drôles de la monarchie ne cher-
cheront plus à nous prouver que deux et deux
font cinq, et qu'un écu rogné vaut mieux
qu'un écu qui ne l'est pas.

Quand le cultivateur comprendra bien tout ce qu'il y a de beau dans sa profession, il l'aimera mieux qu'il ne l'aime; il ne poussera pas ses enfants à courir les villes; il n'en fera plus si souvent des médecins, des avoués et des avocats sans clientèle; les hommes d'intelligence ne déserteront plus les campagnes; ils y resteront; ils y donneront de bons conseils.

Quand le cultivateur aura acquis toutes les connaissances qui lui sont nécessaires, les savants de la ville seront bien souvent des petits garçons à côté de lui. Or, je ne vous le cache pas, je voudrais voir cela, et tous les bons républicains voudraient le voir aussi. Tant que nous n'aurons pas pris cette revanche, je ne dormirai pas tranquille.

C'est pour y arriver que nous avons demandé l'organisation de l'enseignement agricole en France. Les gens de finance, les banquiers de l'Assemblée et leurs avocats n'en voulaient pas ; la bataille a été rude ; mais nous avons gagné la partie, nous les *féroces*, les *rouges*, les *brigands*, comme disent les honnêtes et modérés.

Nous étions en bon chemin, l'argent était voté, on organisait déjà, lorsque M. Louis Bonaparte est venu nous contrecarrer avec son ministère. Comme ce sont les gens de finance, les gros bourgeois qui le soutiennent, nous en serons pour nos frais jusqu'à nouvel ordre ; on reculera l'enseignement de l'agriculture, et le cultivateur, en attendant que les républicains soient au pouvoir, continuera de payer les impôts sans en profiter.

Assez sur ce chapitre ; passons à un autre.

Quand on a vu que l'argent se cachait, qu'il avait peur, ou faisait semblant d'avoir peur; quand on a entendu les plaintes s'élever de toutes parts dans les campagnes, qui est-ce qui s'est occupé du crédit foncier? qui est-ce qui a demandé la création de bons hypothécaires? Ce sont les *rouges*, à peu d'exceptions près, toujours ces coquins de *rouges* et de *montagnards*, parmi lesquels votre serviteur a l'honneur d'être, sauf vot' respect. Eh ! mon Dieu oui, nous nous sommes dit : Les prêteurs d'argent ont peur ou ils conspirent contre la République; c'est un malheur, mais comme avec le ciel il est des accommodements, nous ne voulons pas que les campagnes souffrent de la peur des uns et de la conspiration des autres. Remplaçons l'argent par de l'excellent papier, créons les bons hypothécaires bien et solidement garantis, donnons au cultivateur qui a besoin de faire travailler ou qui veut entreprendre un commerce agricole quelconque, la facilité d'agir. Il a un champ, une maison, un domaine qui ne doivent rien à personne ; ce domaine, cette maison, ce champ ont une valeur qui peut être représentée par du papier. Faisons l'avance d'une partie de cette valeur en bons, en billets qui vaudront bien ceux de la Banque de France, prêtons au cultivateur à trois pour cent, facilitons le remboursement du prêt, et de la sorte, nous lui rendrons service. Cela se fait en Prusse et ailleurs ; on s'en trouve bien partout, pourquoi nous en trouverions-nous mal ?

Là-dessus les honnêtes et modérés ont crié : *A l'assignat !* comme ils crient : *A la guillotine !* toutes les fois que nous demandons l'abolition de la peine de mort. Le fin mot de la chose, c'est que les bons hypothé-

caires auraient fait sortir l'argent de ses ca-
chettes et réduit le taux de l'intérêt. Les républicains honnêtes n'y eussent point trouvé
leur compte.

Un mot maintenant sur la taxe du sel.

Cette fois encore, ce sont les républicains
qui ont demandé l'abolition de cet impôt ou
tout au moins sa réduction ; ce sont les modérés qui s'y sont opposés, sous prétexte d'é-
conomie, comme s'ils parlaient d'économie
quand il s'agit de donner à M. Louis Bonaparte *six cent mille* francs en sus de ce que lui
accorde la Constitution, ou de donner des
pensions à des préfets de Louis-Philippe,
munis de faux certificats qui établissent qu'ils
sont invalides, quand tout le monde sait
qù'ils sont riches et se portent bien !

Un mot enfin sur le budget.

Les républicains se sont dit : « Quand un homme n'a que vingt-cinq sous à manger par jour, il doit s'arranger de façon à n'en pas manger trente. » Il doit en être de même pour un bon gouvernement. Le seul moyen de l'amener à se conduire économiquement consiste à lui voter un budget convenable, ni trop mince, ni trop gros, et de lui recommander ensuite de ne rien dépenser au delà, de [régler ses dépenses sur ses recettes. Les honnêtes et modérés ne l'ont pas voulu ; ils ont dit au gouvernement : « Dépense à ta guise, présente-nous tes comptes après, et nous voterons les impôts pour payer la carte. » De cette manière, leurs créatures ne souffriront pas, les choses resteront comme sous la monarchie, on ne simplifiera pas les rouages de la machine. C'est ce qui vous explique pourquoi tous les employés du gouvernement portent les modérés dans leur cœur, et nous détestent si cordialement.

Au revoir, mes amis; bonne chance à vous tous. Que la branche de buis, bénie le jour des Rameaux, vous préserve du feu du ciel, et que mes lettres vous préservent des royalistes dans cette vie et de leur compagnie dans l'autre.

SIMPLE RECOMMANDATION.

C'était l'un de ces derniers jours, je ne saurais vous dire
lequel. La matinée était froide, il y avait du givre aux
arbres et il faisait bon autour du brasier de famille. Nous
étions là quatre ou cinq à former le cercle, tous petites
gens, tous élevés au village, sauf un seul. Mais celui-là
n'était pas déplacé parmi des paysans, car il aime les
blés de nos plaines, les vignes de nos coteaux et la ri-
vière qui serpente entre deux rangées de vieux saules.
Vous le connaissez tous ; — qui est-ce qui ne le connaît
pas? — il a fait le *Chant des Travailleurs* ; il a fait cette
charmante chansonnette des *Bœufs*, qui court le monde
et que nos pâtres redisent au bord des fossés et des haies.
C'était Pierre Dupont, le poëte de ceux qui souffrent, le
chansonnier de ceux qui n'ont rien, le socialiste de la
note et du couplet.

Je vous disais donc que nous étions là quatre ou cinq
autour du feu. Pierre Dupont chantait la fraternité, quoi-
que profondément *rouge* en politique, il chantait l'avenir
de sa voix la plus sympathique, et nous applaudissions
des deux mains. Tout son répertoire y passa ; nous n'é-
tions pas d'humeur à lui faire grâce d'un refrain, et ceci
se comprend ; on aimerait que les beaux rêves ne finissent pas, que les impressions qui font du bien à l'âme
durassent toujours.

Pierre Dupont termina par la chansonnette des *Bœufs*,
puis nous causâmes politique. — Ah! disions-nous, si

les populations des campagnes comprenaient bien leurs véritables intérêts, la confiance renaîtrait vite et les royalistes ne songeraient guère à conspirer. La République, c'est le gouvernement des cultivateurs; ils sont les maîtres par le nombre; il ne dépend que d'eux d'avoir la majorité dans une assemblée nationale, et, avec la majorité, le remaniement des impôts, les assurances par l'État, les banques agricoles, l'instruction gratuite et toutes les améliorations secondaires qui enrichiraient le pauvre sans appauvrir le riche. Malheureusement, ils ne comprennent pas encore; ils sont jeunes en politique; on les trompe comme des enfants; on les amuse avec des mots, et au lieu de voter pour des hommes qui ont les mêmes intérêts qu'eux, ils ont voté jusqu'ici pour des hommes qui ont des intérêts opposés. C'est comme si l'on chargeait une chèvre de garder un chou ou un loup de veiller sur un mouton.

— Erreur ne fait pas compte, dit l'un de nous.

— C'est vrai, répondis-je; mais, en attendant, le cultivateur pâtit et nous souffrons, nous, de la calomnie. Il faut en finir au plus tôt avec cette situation fausse et porter la lumière dans ces malheureuses campagnes, où le mensonge seul a l'audace de pénétrer.

— À ce propos, répliqua Pierre Dupont, permettez-moi de vous féliciter de vos *Lettres d'un Paysan.* À moins d'être aveugle de naissance, j'espère bien que chacun y verra clair.

— Cela ne suffit pas, et vous pouvez être, mon ami, d'un grand secours dans la circonstance. Vous aimez l'homme des campagnes, vous lui devez une de vos plus belles inspirations; il vous connaît, il vous aime aussi; il sait que vous avez fait le *Chant des Travailleurs,* le *Chant des étudiants,* faites pour lui le *Chant des Paysans;*

ce sera une bonne œuvre et il vous en remerciera du fond du cœur.

— Il est dans ma tête, à moitié fait; j'en rêve jour et nuit; vous l'aurez dans la huitaine, comptez-y. J'ai besoin de tout ce temps, car je tiens à ce que cette composition ne soit pas au-dessous de mes aînées.

Pierre Dupont a tenu parole : le *Chant des Paysans* est composé; nous donnons plus loin les paroles, et la musique ne se fera pas attendre.

C'est beau, c'est simple, c'est digne de la réputation de l'auteur. Nous retrouvons là, dans six couplets, toute l'histoire de ces derniers temps. Voici d'abord Février, avec son enthousiasme, ses arbres de liberté et ses riantes promesses, puis les quarante-cinq centimes, cette giboulée de mars qui fane toutes les espérances et refroidit tout, puis Juin, sombre comme un crêpe. Ce n'est plus notre république d'amour et de bonheur, et l'on se demande dans nos campagnes quand viendra la belle, la bonne République, celle qui diminuera les impôts et ne tuera personne. Au second couplet, c'est la glace du désenchantement et le vote du 10 décembre, en souvenir d'un grand nom et aussi par dépit. Au troisième, nouvelle désillusion; on commence à comprendre que le neveu n'a pas les qualités de l'oncle; on se souvient d'Arcole et de Lodi, on compare les temps d'autrefois avec le temps où nous sommes, on se sent humilié et on courbe déjà la tête. Un peu plus loin, c'est l'indignation qui éclate. Le paysan qui a du cœur, et qui ne se réjouit point comme on se réjouit à la Bourse à la nouvelle de la défaite des Piémontais, bondit sur lui-même. Il cherche de l'œil sa fourche et sa faulx, car il a souvenir de l'invasion, et le bruit du canon à nos frontières a rajeuni ses vieux griefs.

Il croit que la fibre nationale est morte chez les hommes du pouvoir ; plus rien ne la touche, plus rien ne la remue. À coup sûr, se dit-il, ce ne sont pas là des républicains ; ce sont des royalistes dégénérés ; les chevaliers du brassard sont aujourd'hui les *amis de l'ordre*, et les lauriers des Trestaillons font des jaloux. Au large les traîtres ! le paysan ne veut point de leur drapeau. Il veut une belle république, et il l'aura, car ils sont là-bas, dans les montagnes et dans les plaines, des millions de citoyens qui ne rendront jamais aux blancs le suffrage universel que la république leur a donné, et qui, cette fois, nous l'espérons bien, voteront en connaissance de cause.

En attendant, nous recommandons aux patriotes de toutes les villes, de tous les villages, de tous les hameaux, le *Chant des Paysans*. Il faut qu'en moins de trois semaines il retentisse d'un bout de la république à l'autre. C'est *la Marseillaise* de la fraternité, notre hymne nationale, à nous, soldats du travail (1).

P. JOIGNEAUX.

(1) La musique et les paroles du *Chant des Paysans* sont en vente au bureau de la Propagande démocratique, rue des Bons-Enfants, n° 1, à Paris. — Prix de l'exemplaire, 10 centimes.

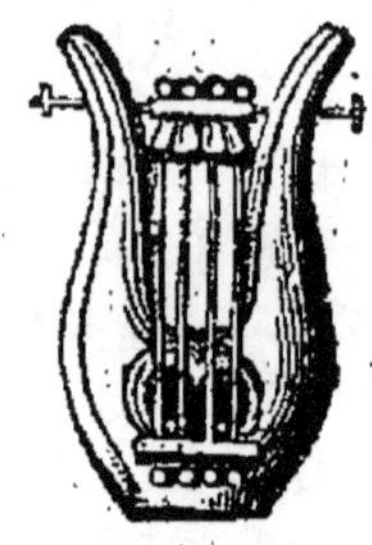

LE CHANT DES PAYSANS.

Quand apparût la Répuplique
Dans les éclairs de Février,
Tenant en main sa longue pique,
La France fut comme un brasier;
Dans nos vallons et sur nos cimes
Verdit l'arbre de Liberté;
Mais les quarante-cinq centimes,
Et juin, plus tard, ont tout gâté.

REFRAIN.

Ah! quand viendra la belle!
Voilà des mille et des cent ans
Que Jean Guêtré t'appelle,
République des Paysans!

Mais ce beau feu n'est plus que cendre,
Le Diable en passant l'a soufflé;
Le crédit n'a fait que descendre
Et l'ouvrage est ensorcelé.
La souffrance a fait prendre en grippe
La jeune Révolution
Comme le vieux Louis-Philippe,
Et nous nommons Napoléon.

Napoléon est sur son siége,
Non pas l'ancien, mais un nouveau,
Qui laisse les blés sous la neige
Et les loups manger son troupeau ;
Quand l'aigle noir fond sur tes plaines,
Terre d'Arcole et de Lodi,
Il se tient coi..... Dedans ses veines
Le sang du Corse est refroidi.

Que va donc devenir la France,
Si rien n'en sort à ce moment
Où le cri de l'indépendance
Nous appelle au grand armement?
Soldats, citadins, faites place
Aux paysans sous vos drapeaux,
Nous allons nous lever en masse
Avec les fourches et les faulx.

Les noirs et les blancs sans vergogne
Voudraient nous mener sur Paris
Pour en faire une autre Pologne
Et nous atteler aux débris.
A bas les menteurs et les traîtres,
Les tyrans et les usuriers !
Les Paysans seront les maîtres
Unis avec les ouvriers.

La terre va briser ses chaînes,
La misère a fini son bail ;
Les monts, les vallons et les plaines
Vont engendrer par le travail.
Affamés, venez tous en foule
Comme les mouches sur le thym ;
Les blés sont mûrs, le pressoir coule,
Voilà du pain, voilà du vin.

Typographie de H. V. de Surcy et Cie, rue de Sèvres, 37.

EN VENTE

AU BUREAU DE LA PROPAGANDE DÉMOCRATIQUE,

1, rue des Bons-Enfants.

—

PROPAGANDE ÉLECTORALE.

Série de feuilles, avec portraits, à 1 fr. le cent.

Le Peuple, par LAMENNAIS; **l'Union des Démocrates;**
Prêtres et Socialistes, par RASPAIL;
Le Milliard des Émigrés, par BARBÈS.

-◦◉◉◦-

LES **PAYSANS** ET LES **SOLDATS**
Par **FÉLIX PYAT**,
Avec portrait, chaque, à 50 centimes le cent.

-◦◉◉◦-

GALERIE DE LA MONTAGNE,

Portraits et biographie

DE TOUS LES REPRÉSENTANTS DE LA MONTAGNE.

1 fr. le cent.

Ledru-Rollin, Buvignier, Joigneaux, James Demontry,
Gambon, Madet,
Mathieu (de la Drôme), Cholat, Robert (de l'Yonne), Bruys, Bac, etc.

———

Les mandats à l'ordre du citoyen BALLARD.

www.ingramcontent.com/pod-product-compliance
Lightning Source LLC
Chambersburg PA
CBHW051137050726
47594CB00003B/1139